PUBLICATION
DE LA
SOCIÉTÉ D'HISTOIRE DES JUIFS D'ALSACE-LORRAINE

CERF BERR
ET SON ÉPOQUE

CONFÉRENCE
FAITE A STRASBOURG LE 17 JANVIER 1906

PAR

M. GINSBURGER

TRADUITE EN FRANÇAIS PAR E. GINSBURGER

GUEBWILLER
IMPRIMERIE J. DREYFUS
1908

PUBLICATION
DE LA
SOCIÉTÉ D'HISTOIRE DES JUIFS D'ALSACE-LORRAINE

CERF BERR
ET SON ÉPOQUE

CONFÉRENCE
FAITE A STRASBOURG LE 17 JANVIER 1906

PAR

M. GINSBURGER

TRADUITE EN FRANÇAIS PAR E. GINSBURGER

GUEBWILLER
IMPRIMERIE J. DREYFUS
1908

פ״נ טמונפש
ת׳ נאמן לעמו ודורש טוב
פאר העדה וחוקר מישרים
חכמים כדברי וחנון דלים
לאביונים הוא מחסה מורם
לרא אלקים ואת ישראל טוב
הקבץ המרומם תבכר והמפ׳
כ״ח נפתלי הורץ מעד לסתים
ולצדקו לפניו הולכת ונשמתו
תהי בנו״ד משעות נפטר
ביום שק׳ טובת חכבה לפק
ונקבר למחרתו יום א׳ טבת
תפשו חתי עדורה בעדור
החיים את נשמת הצדיקם
והחסידים ויעמד לגורלו
לקז חימיו
אם

CERF BERR ET SON ÉPOQUE

Mesdames, Messieurs !

Les peuples heureux, on le sait, n'ont pas d'histoire, mais le peuple juif ne compta jamais parmi les peuples heureux, aussi a-t-il une histoire longuement douloureuse. Pourtant il n'y a presque point de nation, de société religieuse dont le passé ait été autant dénaturé par des jugements erronés et enveloppés de fables et de légendes. Nous sommes malheureusement en partie coupables de ce facheux sort. Il y a quelques dizaines d'années à peine, que nous avons commencé a étudier, avec une méthode scientifique, la vie et les actes de nos ancêtres dans les différents pays des diverses parties du monde. Nos prédécesseurs avaient assez des misères et des souffrances de leurs temps et on comprend facilement qu'ils n'aient point désiré connaître les malheurs passés.

Mais ce qui est vrai des juifs, en général, l'est plus particulièrement des juifs d'Alsace. En ce pays, des relations politiques troublées, des différences de langue s'ajoutaient pour rendre difficile et empêcher la réussite des recherches intéressant l'histoire et la littérature juive. Aussi devons-nous d'autant plus nous réjouir qu'aujourd'hui sous ce rapport il ait été fait un vigoureux progrès. Nous possédons, depuis à peu près un an, une société dont le but est d'étudier et de faire connaître l'histoire des juifs d'Alsace-Lorraine et de rassembler et de conserver les archives et les monuments concernant les juifs. L'utilité et l'opportunité d'une telle société sont si évidentes que nous n'avons pas besoin d'en parler. L'histoire des juifs d'Alsace est une partie de l'histoire générale des juifs ainsi que de l'histoire de notre province. Et de même qu'un astronome doit pour connaître le cours exact d'une comète déterminer le plus grand nombre possible de points de sa parabole, ainsi l'historien doit étudier tous les évènements du passé pour s'en former une image totale, intégrale. Comment en outre, pourrions-nous honorer nos ancêtres, d'un hommage plus éclatant, que par l'examen impartial et consciencieux de leur destinée et de leur vie, l'étude de leurs souffrances et de leurs combats pour le droit, la justice, la lumière et la vérité ? Et quel moyen serait plus convenable pour ramener au judaïsme nos coreligionnaires égarés par indifférence ou tiédeur que le souvenir de ces souffrances et de ces combats communs ? Ce furent ces considérations qui nous engagèrent à entreprendre ce travail et je crois de mon devoir d'indiquer que nous devons remercier, en toute première ligne, notre très honoré président, M. Charles Lévy, de Colmar, grâce à qui notre société a pu se former et obtenir des résultats déjà si satisfaisants. Ma reconnaissance va à M. le grand rabbin pour sa bienveillante invitation et sa prévenance aimable ainsi qu'au respecté président de la loge Unitas, puisque par eux il m'est permis de retenir quelques instants votre précieuse attention pour l'exposé de l'histoire de Cerf Berr et de son époque.

Cerf Berr, dont le nom propre était Cerf ou Hirtz, fils de Berr, naquit l'an 1726 à Medelsheim, village de quelques 500 habitants près de Zweibrucken dans le Palatinat, qui, de 1682 à 1814, appartint à la France. Il y devait avoir une très forte communauté juive, mais en tout cas nous n'en connaissons rien encore. Nous ne savons également rien de précis sur la jeunesse de Cerf Berr. Il paraît avoir vécu jusqu'à sa trentième année à Medelsheim : c'est pourquoi il ajoute toujours à son nom Cerf Berr, dans les écrits hébreux, la dénomination de Hirtz Medelsheim. Vraisemblablement c'est en ce village qu'il épousa Julie Abraham, sa première femme ; en 1783 il se maria en secondes noces avec Anna Ratisbonne, veuve de Süssmann Brill de Furth. De ses nombreux descendants la plupart vivent en France et comptent parmi les familles les plus considérées ; mentionnons seulement les Fould, Valabrègue, Sée, Halphen. Un exposé généalogique avec notice biographique a paru en

1902, composé par un arrière petit-fils de Cerf Berr, le commandant de cavalerie Roger Levylier de Paris.

Le père de Cerf Berr était déjà sans aucun doute un personnage important et très fortuné, et par cette hypothèse nous comprenons la confiance dont l'honorèrent, bien que jeune homme, diverses notabilités, tel le landgrave de Hesse-Darmstadt, le duc de Zweibrück, le prince de Nassau, dont il fut le conseiller et l'homme d'affaires. En ces fonctions il devint bien connu des autorités françaises.

En 1756 éclata la guerre entre la France et l'Angleterre au sujet des possessions de l'Amérique du Nord et des Indes. Tandis que la Prusse prenait parti pour l'Angleterre, la France accédant aux vœux de l'Autriche, contractait avec ce pays une alliance qui mettait fin à une rivalité vieille de plus de 250 ans. La France ouvrait alors une politique toute nouvelle en Allemagne; par son alliance avec l'Autriche et les petits états germaniques elle cherchait l'écrasement du prussien protestant; le prix de la victoire devait être la cession de la Belgique.

L'homme qui mena à bien l'alliance franco-autrichienne fut l'ambassadeur français à Vienne, le duc de Choiseul, plus tard ministre et nous verrons qu'il était justement un ami et un protecteur de Cerf Berr. Nous pouvons donc admettre avec certitude que les relations de ces deux hommes furent causées par l'intérêt actif de Cerf Berr pour les princes allemands et que, par l'ordre de Choiseul, la fourniture de l'armée française lui fut confiée pendant la durée de la guerre.

Il transporta alors sa demeure de Medelsheim à Bischheim près de Strasbourg, et comme la place d'un des trois préposés juifs était vacante par la mort de Moïse Blin de Rosheim, Cerf Berr fut investi de ces fonctions. Il sut justifier de merveilleuse façon la confiance du gouvernement français, de sorte qu'après la guerre, en l'an 1763 l'approvisionnement du régiment de cavalerie de Strasbourg lui fut aussi confié.

Quelle était alors la situation des juifs d'Alsace ? Nous devons répondre en premier lieu à cette question, si nous voulons comprendre les actes postérieurs de Cerf Berr. Par la paix de Westphalie, en 1648, une grande partie de l'Alsace, notamment les possessions d'Habsbourg, le bailliage d'Haguenau avaient été cédés à la France.

Louis XIV prit sous sa protection les Juifs d'Alsace par les lettres patentes du 25 septembre 1657, leur confirma les droits accordés par les empereurs allemands et leur concéda les mêmes privilèges qu'aux juifs de Metz qui, 100 ans auparavant, par la prise de cette ville étaient devenus français.

Lorsque le reste de l'Alsace passa plus tard sous la domination française, il y eut entre les juifs dénommés de l'ancienne domination et ceux de la nouvelle domination une telle distinction que les premiers avec l'impôt de protection de 10 florins $1/2$ ou 21 livres dû au roi, n'eurent à payer qu'un droit de séjour de 17 livres par famille au seigneur du lieu. Mais les juifs de la nouvelle domination, en outre de la taxe du droit de séjour, durent acquitter un droit de réception d'une valeur de 36 livres. Seuls les vieillards au-dessus de 70 ans, les rabbins, les ministres-officiants, les instituteurs étaient exempts de ces charges, parce qu'ils changeaient fréquemment de domicile.

Malgré ces impôts, auxquels s'ajoutèrent en 1747 les charges communales, les juifs ne faisaient point partie de la cité ou de la commune. Ils formaient, comme par devant, une caste fermée, la nation juive, ou juiverie, ainsi que les dénomment les archives. Les contributions leur donnaient droit d'établissement pour eux, leurs femmes et leurs enfants célibataires, mais, quant au reste, ils étaient entièrement considérés comme des étrangers. A chaque fois qu'un juif s'éloignait du territoire de son lieu de séjour et entrait en une autre seigneurie, il devait payer un nouvel impôt ou péage corporel, appelé capitation.

Néanmoins les juifs n'étaient pas traités de même façon dans toutes les seigneuries. Ils devaient payer en maints endroits une taxe déterminée pour la vente de la viande abattue suivant le rite, pour le colportage, pour le commerce de fer, pour l'eau, pour le droit de pâture et autres. Dans le district de Strasbourg et dans la plupart des autres lieux, ils ne pouvaient acquérir d'immeubles. Voulaient-ils acheter une maison pour leur propre usage ils devaient avoir une permission spéciale. Les terres qui leur étaient échues par dette devaient être vendues dans le cours de l'année sous peine d'être mises aux enchères. Ils ne pouvaient prendre des hypothèques sur des chrétiens.

Nous pouvons facilement penser, combien douloureusement étaient ressenties par le fournisseur d'armée royale Cerf Berr toutes ces injustices et ces restrictions. Lui, qui pendant la guerre avait rendu de si grands services au pays, comme un citoyen qualifié, lui, qui pourvoyait une des plus importantes garnisons, il devait être traité en paria; oui, il ne pouvait pas une seule fois, sans permission particulière, passer la nuit dans la ville de Strasbourg. Cela il ne le pouvait, ni ne le voulait souffrir perpétuellement. Il était résolu à mettre en mouvement tous les leviers pour obtenir, pour lui, sa famille et ses coreligionnaires ensuite, une place plus digne et plus juste dans l'humanité. Voyons donc, comment seul il se mit à l'ouvrage.

En l'année 1767 l'Alsace était parcourue par de nombreuses bandes de brigands, qui rendaient dans le pays la vie incertaine et précaire. A Winzenheim en Basse-Alsace, une troupe de quelques 40 hommes détruisit la maison d'un juif, le maltraita lui et sa femme et tirèrent sur les habitants qui les voulaient arrêter. A la même époque à Bischheim étaient venus de nombreux individus inconnus qui s'étaient informé de la demeure de Cerf Berr, vraisemblablement dans l'intention de la piller à l'occasion.

Cet événement amena Cerf Berr à solliciter, le 5 août 1767, du magistrat de Strasbourg la permission de louer pour l'hiver une maison bourgeoise dans la ville et le droit d'y demeurer avec sa famille. Cette demande fut nettement repoussée. Il ne lui servit en rien de se réclamer de ses fonctions de fournisseur de la garnison de Strasbourg, de la condition de dépositaire de fortes sommes d'argent du roi, qu'il demeurait à l'extrémité du village où tout secours était difficile et où il pouvait craindre pour sa vie. Même sa promesse de se soumettre aux statuts et règlements de la ville demeura sans effet, le magistrat se raidit en ses privilèges contre les juifs et déclara notamment que la qualité de Cerf Berr comme préposé des juifs d'Alsace pourrait attirer dans la ville une foule de mendiants qui accroîtraient les vols.

Cerf Berr se tourna vers son ami, le duc de Choiseul, ministre des affaires étrangères, qui prit en main l'affaire et par son énergique action força le consentement du magistrat. Dans ses lettres du 24 décembre 1767 et du 22 janvier 1768, adressées au magistrat, il fait ressortir que le droit de résidence temporaire en la ville avait été déjà accordé bien longtemps auparavant à quelques juifs qui avaient bien mérité de l'Etat, qu'en le cas présent l'humanité le réclamait et, qu'en dernier lieu, le magistrat avait le droit et la puissance en tout temps d'empêcher les abus.

Ainsi vint à Strasbourg, au commencement de l'an 1768, Cerf Berr avec sa famille et ses serviteurs, pas moins de 60 personnes, après qu'il se fut engagé à vendre au boucher et non à des particuliers la viande des animaux abattus pour son usage et dont il n'avait pas besoin, à payer les droits d'octroi pour tous ses vivres, à n'établir aucun bureau d'affaires en la ville, à n'héberger aucun juif, à ne prendre aucun objet en gage et à n'élever aucune synagogue. Quand Cerf Berr éprouvait le besoin de prier, il devait aller à Bischheim.

On ne peut indiquer avec précision, si Cerf Berr demeura réellement tout l'hiver à Strasbourg et revint à Bischheim en été. Vraisemblablement il n'en fut rien. Il est à supposer que ses amis de Paris prirent soin de faire prolonger la permission qui lui avait été accordée. Ceci est d'autant plus sûr que, pendant les années de disette de 1770 et 1771, Cerf Berr demeura à Strasbourg. Il fut, à cette époque, invité par le prévot ou préteur royal, le baron d'Antigny, à acheter pour le compte de la ville, en Allemagne 1000 sacs de blé. Il accepta cette mission et après des peines nombreuses, il réussit à faire parvenir à Strasbourg au commencement de l'année 1771 la plus grande partie des blés promis. Mais il fut mal récompensé de ses services. Déjà, avant l'arrivée des céréales, le bruit avait été répandu par de nombreux magistrats que la marchandise était sans valeur, qu'il la fallait cribler et purifier et on menaça Cerf Berr, s'il ne livrait pas le reste des blés en 8 jours, d'en acheter à son propre compte. Lorsque les blés arrivèrent, on lui chercha chicane de tous côtés, si bien qu'il ne perdit pas moins de 4000 livres et finalement il fut encore obligé, après le cours de l'hiver, de quitter Strasbourg, puisqu'il n'y avait pas droit de séjour durant l'été. En une lettre, qui se trouve aux archives de Strasbourg, Cerf Berr exprime sa colère pour un si dur traitement au baron d'Antigny. Cette lettre est si caractéristique pour l'envoyeur et si intéressante par son contenu sur les magistrats, que je ne puis refuser de vous en faire connaître la teneur :

A Monsieur le Baron d'Antigny.

Strasbourg ce 5 juin 1771.

J'ay eu l'honneur de vous escrire il y a quelques mois de Mayence et vous ayant fait part de toutes les difficultés et embarras que j'ay eu pour la sortie des grains, enfin, force d'argent et peines j'en suis parvenu, ce qui est pour ainsy dire un miracle, par la misère et cherté qui roulle en Allemagne, en conséquence j'ay remis les grains en grenier de la ville que je m'étais engagé à vous fournir, mais bien avant l'arrivée de ce grain il étoit convenu qu'il ne vallait rien, car il y a plus de 4 mois que Mr. Avarie m'avait écrit à Mayence que des chefs des magistrats luy ont dit que les grains ne valloient rien et qu'il falloit les cribler et netoyer; avant l'arrivée de ce grain on m'a menacé à me faire signifier des actes que si je n'allois pas fournir sur 8 jours que l'on achèteroit sur mon compte.

Les grains arrivés il a bien fallu qu'ils ne vallent rien, puisqu'il étoit taxé ainsy avant de savoir d'où il venoit; de sorte on a exigé de les faire cribler, passer par tout où il sera possible. J'étois encore en Allemagne, j'ay mandé à mon commis que je laisserai la foi au magistrat de me faire reprendre les grains ou de les faire cripler, ce qui a été fait aussi, et j'aurais été comptant (!) de tout, quoique je perds plus que 4000 l. sur cette fourniture, si l'on ne m'aura pas fait reprendre hier 125 sacs, qui étoit reçu dès le commencement et bien propres. Je les ay pris, et en consequence je ne fournis que 842 sacs, les 125 s. et les déchus que j'ai été sur le point, auroient fait les 1000 s. complets, quoique je pourray bien completter ce qui manque aux 1000 sacs, je vous seray très-obligé Monsieur de voulloir bien me pardonner a ne plus en fournir, si j'aurais su dans le tems que je vous ay promis ces grains, que je devrois avoir à faire à d'autres qu'à vous, Monsieur, vous m'auriés promis 2 Louis d'or pour le sac je ne m'auray pas engagé.

Mais pour récompense du service que je crois avoir rendu à la ville, lorsque je vous ay promis ces grains, et les renseignements que j'avais pris de toutes côtées à mes frais, dont vous m'aviez chargé, et des peines que j'ay depuis 7 mois pour avoir procuré des grains de l'Etranger, où ils meurent de faim, pour la province où ils sont actuellement à bon marché, on a projeté, avant mon arrivée, de me faire des difficultés sur la maison que j'occupe, si elle m'appartient ou non, et pour comble des graces je dois sortir de la ville pour demeurer pendant l'été à Bischem, puisque la permission que j'avois obtenue n'étoit que pour l'hyver. Si ce projet serait exécuté combien de frais est-ce-que cela m'occasionnerait d'aller porter mes bureaux à Bischem ainsy que du reste, et combien est-ce que je serai deshonoré dans le public, qui dirait que j'ai fait tout le mal. D'après les bontés que je scais depuis longtemps que vous voulez bien avoir pour moi et de votre équité ordinaire, je suis persuadé que vous n'aprouverez aucune de ces démarches, et en conséquence je vous supplie Monsieur de me dire comment je dois me guider dans cette affaire. Si vous permettez, Monsieur, j'enverrai un Mémoire au ministre pour obtenir une nouvelle lettre de recommandation à la ville pour me laisser tranquil.

Voudriez vous aussi, Monsieur, avoir la bonté de donner des ordres pour que le prix des grains que j'ay fournis m'en soit payé, car il y a plus que 6 mois que j'ay fait l'avance pour ces grains.

   Je suis avec respect, Monsieur,
    Votre très-humble et très-obéissant serviteur
     Cerf Berr (הירץ מעדלסהיים)

Cette démarche auprès du ministre était, en réalité, nécessaire, et elle fut faite avec tout le succès désiré, car le 5 novembre 1771 le marquis de Monteynard écrit au prévôt de Strasbourg que le juif Cerf Berr a obtenu la permission d'habiter la ville pendant l'hiver, mais que sa présence y est nécessaire en été, que le roi ne croit pas que la différence de saison puisse en cette question être prise en considération et désire que Cerf Berr demeure toute l'année à Strasbourg. Le maréchal de Contades fit part, le 12 novembre, du contenu de cette lettre au magistrat et celui-ci dut faire bonne mine contre un si méchant tour.

Il écrit, le 20 novembre, que jamais il n'a pensé à importuner Cerf Berr, bien que celui-ci eût promis de séjourner en la ville pendant l'hiver seulement ; pourtant il espère que, malgré cette exception, aucune dérogation ne sera portée aux vieux privilèges de la ville à l'égard des juifs ; que Cerf Berr peut demeurer dans la ville aussi longtemps qu'il reste au service du roi et qu'il doit se soumettre, après comme par devant, à tous les réglements de police.

Maint autre se fut contenté de ce succès si considérable en ces temps, mais Cerf Berr croyait de son propre intérêt comme de celui de ses coreligionnaires de n'en point rester là. En l'an 1774, le roi Louis XV tomba malade, et les préposés des juifs d'Alsace furent invités à faire faire des prières dans toutes les synagogues pour sa guérison. Ils envoyèrent immédiatement une circulaire dans toutes les communautés et de plus réunirent de nombreuses aumônes pour les pauvres et pour les établissements de bienfaisance de Strasbourg. Mais toutes ces mesures furent vaines. Le roi mourut le 10 mai 1774 et son petit-fils Louis XVI monta sur le trône. Cerf Berr, par les nombreux services qu'il avait rendus à l'Etat, par son honorabilité, fut également auprès du nouveau roi en grande faveur et il sut tirer profit de cette circonstance. Déjà au commencement de 1775 il envoyait au roi un mémoire qui nous fait connaître avec clarté sa conscience et son courage. „Depuis de nombreuses années, dit-il dans cette intéressante missive, j'ai été chargé de la fourniture de la garnison et de la ville et la dernière guerre et la disette de 1770-1771 m'ont donné occasion de montrer, par de nombreux exemples, le zèle dont je suis animé pour le bien de ma patrie. Pourtant je ne puis jouir, bien que né en France, de tous les avantages des autres sujets du roi.

A cela s'ajoute une nombreuse famille qui ne désire rien avec plus d'envie que demeurer dans le pays et de s'y rendre utile. Mon cœur est affligé quand je pense qu'un jour je laisserai les miens sans aide et sans soutien puisque je ne puis me créer un chez-moi pour les recevoir. J'ai déjà eu le bonheur d'être jugé digne de la protection royale, aussi j'espère que Sa Majesté étendra son intérêt à mes enfants et je la prie de m'accorder la permission d'acquérir des immeubles en France et de les pouvoir laisser à mes descendants". Ces mots ne manquèrent point leur effet et Cerf Berr reçut en mars de la même année les lettres-patentes désirées qui lui donnaient les mêmes droits qu'aux autres sujets du roi. L'image que, pour cette réunion, l'administration de l'hospice Eliza a aimablement mise à notre disposition, nous montre Cerf Berr en vêtement de cour tenant en sa main cette charte précieuse, son regard s'y repose avec joie, car il en sait la grande importance.

Lorsque, quelque temps après, ses deux filles épousèrent les frères Alexandre et Wolf Lévy, il obtint pour eux du magistrat de Strasbourg la permission de se pouvoir établir en la ville.

Ainsi donc Cerf Berr avait réalisé pour lui et sa famille le but qu'il avait voulu atteindre. Mais la noblesse de son esprit, l'excellence de son caractère se montrent justement en ceci, qu'arrivé au faite de sa puissance et de la considération, il n'oublie pas ses coreligionnaires. A partir de cette époque il se voua avec plus de zèle à la tâche de leur procurer la situation et les droits qu'il avait obtenu, pour lui-même. Mais pour atteindre ce but il tenait pour nécessaire d'introduire dans le judaïsme alsacien de multiples réformes. Car, on le peut facilement comprendre, par suite de leur fâcheuse situation politique, économique et légale, les juifs avaient laissé se répandre en leur milieu de multiples anomalies et dérèglements. La discorde régnait en quelques familles, la révolte contre l'autorité des rabbins et des syndics, l'arbitraire et l'iniquité de ceux-ci contre leurs administrés étaient à l'ordre du jour. De plus, depuis la guerre de sept-ans, le pays était parcouru par des bandes de juifs étrangers qui ne vivaient pas seulement de mendicité mais se rendaient coupables de vols et de fraudes;

cela arriva même parmi les juifs indigènes, maints d'entre eux laissant beaucoup à désirer en honnêteté et en droiture. Au commencement du XVIIIe siècle, Samuel Lévy, rabbin de la Haute et Basse Alsace, et plus tard trésorier du duc Léopold de Lorraine, avait déjà sollicité du gouvernement français le droit de chatier les juifs malhonnêtes, puisqu'on avait coutume de punir la communauté toute entière pour la faute d'un seul. C'est pourquoi Cerf Berr se disait que tous les moyens devaient être employés pour apporter une amélioration dans leur condition extérieure.

Les fonctions de syndic lui offrirent la meilleure occasion d'agir et, en fait, les procès verbaux des assemblées communales qu'il fit réunir, nous montrent qu'il s'était efforcé avec l'énergie la plus extrême d'influer pour la disparation des vices et des abus. Un jour même il laissa emprisonner un juif imposteur, ce qui lui attira des poursuites judiciaires pour transgression de pouvoirs. Il acheta des terrains et des manufactures, uniquement dans le but d'accoutumer les juifs au travail producteur et d'enlever à leurs adversaires tout prétexte d'aversion. Il fit, en outre, construire des écoles et imprimer les écrits des savants juifs.

Mais Cerf Berr devait bientôt apprendre que les réformes radicales dans les circonstances présentes ne pouvaient réussir ainsi que l'amélioration de la condition des juifs alsaciens, car l'homme le plus bon ne peut vivre en paix s'il déplaît à son mauvais voisin, et les juifs avaient alors en Alsace beaucoup, beaucoup trop de méchants voisins. Exclus de l'agriculture, des métiers manuels, de l'industrie, il ne leur restait que le colportage et le prêt d'argent. Plusieurs années consécutives de disette et la débâcle financière du pays avaient rendu la majeure partie des paysans alsaciens débiteurs des juifs. Les sommes étaient en vérité minimes mais elles suffisaient à rendre les créanciers plus haïs qu'ils n'avaient jusqu'alors été. Et comme la plus petite étincelle suffit à embraser de belles flammes le grenier, ici la scélératesse d'un seul homme aurait amené la destruction presque totale des juifs en Alsace.

Cet homme fut le bailli de Landser dans la Haute-Alsace,

et son nom était Hell. Né en 1731, de condition très pauvre, il devint par ses capacités intellectuelles, dans sa jeunesse, greffier ou secrétaire du juge de paix. Mais il était si plein d'ambition et de rapacité, qu'il saisit bientôt tous les moyens, même condamnables, pour accroître sa fortune et sa considération. En premier lieu, il décida de faire tuer les juifs. Il apprit la langue et l'écriture hébraïques, adressa quelques lettres menaçantes à quelques riches juifs et chercha par tous les moyens imaginables à en obtenir de l'argent. Il décréta les peines les plus sévères et lorsque des plaintes furent élevées contre lui pour condamnation inique, il sut se soustraire à la punition en s'attirant la faveur d'un assesseur du tribunal qui lui procura les lettres compromettantes. La plainte fut rejetée tandis que son complice encourait la sévérité de la loi. Mais sa haine contre les juifs s'en accrut. En 1765 il fit part, à un président de communauté de sa volonté de s'employer en sa faveur moyennant le payemant de 400 louis d'or, sous peine de vifs regrets en cas de refus. Deux ans plus tard il exigea le payement, en une seule fois, de 100 louis d'or et d'une annuité de 6 louis d'or par lesquels il s'engageait à trancher au profit des juifs tous leurs procès. Cette violation incessante du droit ne pouvait, ainsi qu'il va de soi, demeurer toujours cachée. Le conseil souverain de Colmar eut des soupçons, car de toutes parts venaient des avertissements sur le juge criminel. Hell comprit qu'il serait facile aux juifs de rejeter sur lui la faute et il conçut le plan de les détruire tous sans exception. Il savait que toute la fortune des juifs résidait en billet qu'ils possédaient de leurs débiteurs chrétiens et c'est pourquoi il engagea ces derniers, en leur laissant entrevoir l'impunité, à se fabriquer des quittances où à s'en faire faire au nom de leurs créanciers.

Bientôt tout le Sundgau fut inondé de fausses quittances, et les juifs consternés ne virent plus dans les billets, qui avaient fait leurs richesses, que la cause de leur perte et de la conspiration de leurs ennemis. Ils savaient fort bien de qui venait ce coup criminel, mais ils étaient impuissants contre l'auteur qui se riait d'eux, et attendait le moment de leur donner le coup mortel. Il composa un ouvrage anonyme intitulé „Observation d'un

Alsacien sur l'affaire présente des juifs d'Alsace" dans lequel il rassembla toutes les accusations mensongères qui depuis les temps les plus anciens avaient été élevées contre les juifs et blama le roi de leur avoir accordé sa protection. Il reconnut le méfait dans l'affaire des fausses quittances, mais il l'interpréta comme un décret de Dieu, duquel seul dépend la punition et, signe expressif du temps, il trouva des partisans non-seulement dans le peuple mais parmi les lettrés et les jurisconsultes. Un bouillonnement terrible anima les consciences ; presque chaque jour les juifs étaient maltraités et le bruit courut qu'on les devait, certain sabbat, tous égorger dans leurs synagogues.

Mais le gouvernement rétablit vigoureusement les affaires. Sur l'ordre du roi, Hell fut arrêté et chassé du pays et le Conseil souverain qui, jusqu'alors, n'était rien moins qu'animé d'un bon esprit pour les juifs, se décida à agir avec la dernière sévérité contre les faussaires.

Cerf Berr tint alors pour venu le moment de dépeindre au roi la triste situation de ses coreligionnaires en Alsace et de réclamer son aide. Il fit composer un mémoire qu'il voulut déposer au Conseil d'Etat. A la même époque, il apprit que Dohm, l'ami de Mendelssohn de Berlin, était occupé à écrire un ouvrage en faveur des juifs et à demander leur égalité civile. Il lui envoya alors la copie du mémoire composé sur ses conseils et fit traduire en français par Bernouilli de Dessau l'ouvrage de Dohm, dont 600 exemplaires furent apportés en France. Mais ce plan ne réussit pas entièrement, car les exemplaires furent saisis aux portes de Paris et brûlés, mais les idées, exposées dans le livre, bientôt régnèrent dans l'opinion publique. Partout on parlait des Juifs ; les écrivains préférés, Voltaire, Montesquieu, Diderot et d'autres les défendaient ou les attaquaient ; les gazettes commentaient les opinions diverses, et en 1785, l'Académie royale des sciences et des arts de Metz mettait au concours ce sujet : „Est-il des moyens de rendre plus heureux les Juifs en France." Neuf concurrents parmi lesquels 4 prêtres prirent part à la solution de la question et il est remarquable qu'un seul plaida le maintient du status quo tandisque tous les autres demandaient une amélioration à la condition des juifs.

Mais les juifs même et, à leur tête Cerf Berr, ne laissèrent point passer inutilement un temps si favorable à la réforme. Lorsque Louis XVI, en 1774, monta sur le trône, il avait rendu publiques certaines ordonnances qui déterminaient une meilleure répartition des impôts et déchargeaient les classes pauvres. Les juifs n'en obtenaient pas le moindre avantage, ils devaient, comme par devant, payer des sommes presque exorbitantes. Ils trouvaient particulièrement accablante la capitation exigée à Strasbourg. Chaque juif qui entrait dans la ville devait payer un droit de 3 livres, plus 4 sols pour les sergents de ville. Le permis de coucher coûtait 8 sols et le lendemain le droit de séjour était de nouveau prélevé. Lorsque le nombre des juifs s'accrut en Alsace et que, très souvent ils vinrent à Strasbourg se donnant comme chrétien puisqu'ils étaient inconnus des autorités, le droit de capitation fut, pour une somme déterminée, concédé à des juifs. En 1763, Cerf Berr obtint cette concession pour 6 ans au prix de 4200 livres plus 200 livres pour l'établissement des enfants trouvés. A l'expiration du délai, le contrat lui fut prorogé de 6 nouvelles années, mais en 1775 Cerf Berr s'aperçut qu'il avait subi une perte de 8000 livres, dont il avait encore 3600 livres à payer.

En 1781 la concession prit fin, et le magistrat trouvant trop minime la somme réclamée, mit aux enchères publiques l'affaire. Diverses offres furent faites, parmi lesquelles celles d'un certain Lehmann de Bischheim appelé habituellement Reb Lëima qui promit de donner 1200 livres de plus que Cerf Berr. Quelques chrétiens aussi se présentèrent et un certain Piquet obtint l'adjudication au prix de 10 000 livres au lieu de 3600 qu'avait jusqu'alors payés Cerf Berr. Mais une lettre du marquis de Ségur parvint peu après au magistrat, dans laquelle il disait que le roi désirait la prolongation de la concession à Cerf Berr, puisqu'il aiderait de ses conseils à réformer la légistation juive. Cette prolongation dura jusqu'en septembre 1783, où à la suite d'un nouveau décret ministériel, l'accord convenu avec Piquet fut autorisé. Mais comme Cerf Berr était encore fournisseur d'une partie de la garnison de Strasbourg, c'eût été injustice de réclamer la capitation de ses parents et de ses serviteurs. Le magistrat le pria de présenter une liste des membres de sa famille et de sa domesticité avec nom de leurs parents et de leurs lieux de naissance. Cerf Berr se trouvait alors à Paris et son fils envoya un état de 63 personnes, mais à son retour Cerf Berr y joignit une liste complémentaire de 56 personnes. Ces deux importants documents se trouvent aux archives de Strasbourg et indiquent la date de naissance de Cerf Berr ignorée jusqu'à ce jour.

Comme il était facile de le prévoir, le nouveau fermier ne fit grâce à personne de l'inscription de la capitation, car en un peu plus de 3 mois il perçut la somme de 3701 livres 15 sols. Mais la fin de cette loi d'exception était survenue : le 24 janvier 1784 le roi rendit un décret par lequel l'impôt de capitation des juifs était aboli dans tout le royaume. Une compensation fut promise à la ville et accordée sous la forme d'une rente annuelle de 2400 livres, car l'impôt des juifs était reconnu comme un droit patrimonial. Cette rente fut rachetée par les juifs alsaciens par le payement d'une somme de 48 000 livres au trésor royal et Strasbourg pouvait retenir son dédommagement sur les impôts royaux. Cette somme fut prêtée aux juifs par Cerf Berr comme il apparaît de nos actes consistoriaux, mais le payement, plus tard recherché, ne fut jamais effectué, si bien que, finalement, la famille Ratisbonne, au nom des héritiers de Cerf Berr, y renonça entièrement au siècle dernier.

La suppression de la capitation causa dans le judaïsme une impression durable, puisque jusque en notre temps, de nombreuses anecdotes, qui se rattachent à cet événement, ont été conservées. Ainsi on raconte qu'à Bischheim une rivalité s'éleva pendant plusieurs années entre les familles Cerf Berr et la famille du déjà mentionné rabbi Lehmann. Lorsqu'en 1781 Lehmann renchérit sur l'adjudication de la capitation, Cerf Berr en fut si irrité qu'il voulut, sous la présidence de son beau-frère David Sinzheim, dans la suite président du grand Sanhédrin et premier grand-rabbin de France, instituer un tribunal rabbinique et faire mettre en interdit Lehmann. Celui-ci se défendit devant le collège rabbinique de Francfort qui se prononça en sa faveur et délégua le rabbin de Nidernai, plus tard grand-rabbin de Strasbourg, pour lever, devant toute la communauté réunie en la synagogue de Bischeim, l'interdit prononcé contre Lehmann; ce qui fut fait. Cerf Berr se soumit de bonne grâce à ce jugement et demanda pardon à son adversaire d'émouvante manière. Immédiatement après ces événements, on décida de faire les démarches nécessaires pour la suppression de la capitation. Cette narration approfondit un fait historique, mais ne peut avoir été la cause de la suppression de la capitation; cette ordonnance est réclamée dans le mémoire composé plus d'une année auparavant.

On conte de plus, que, lorsque Cerf Berr vint au château de Versailles pour peindre au roi le misérable état de ses coreligionnaires, il y trouva rassemblé un grand nombre de ministres et de courtisans. Il pensa que son tour de comparution devant le roi ne devait pas venir de sitôt et il se plaça en un coin de l'antichambre pour accomplir sa prière du soir. Mais subitement vint un serviteur qui appela son nom. Il ne se laissa pas troubler et entra seulement chez le roi lorsqu'il eut terminé sa prière. Introduit il dit à Sa Majesté: „Je présentais justement une demande au roi des rois, d'où mon retard". Le roi connaissait la piété de Cerf Berr et sa fidélité, il le reçut aimablement et lui accorda sa demande.

Ce récit est vraisemblablement une légende. Mais nous savons avec certitude que, lorsque la nouvelle de la suppression de la capitation parvint à Bischeim, toute la communauté juive fut remplie d'émotion joyeuse. Le 28 Tébet, jour où parut le décret, fut considéré comme un jour de fête, une cérémonie religieuse fut tenue et une prière particulière pour le roi fut prononcée. Abraham Auerbach, fils du rabbin de Worms et beau-frère de Sinzheim, composa en hébreu une ode sur l'histoire de la capitation et sa suppression, et glorifia Cerf Berr en des expressions enthousiastes. Hirtz Wesel, l'ami si connu de Mendelssohn, lui consacra un article élogieux dans le Meassef, journal de Berlin.

Mais toutes ces louanges, malgré la marche des événements et les sentiments de personnalités considérées, ne purent illusionner le très confiant Cerf Berr sur le sort des juifs alsaciens de jour en jour plus dur et plus périlleux. Depuis plus de 3 ans, le gouvernement travaillait à l'établissement d'un nouveau réglement. Le baron de Spon, président du Conseil souverain de Colmar et l'intendant Mr. de la Galaizière, avaient bien envoyé un rapport sur la solution de la question juive en Alsace. Le maréchal de Contades et le cardinal s'étaient, en général, ralliés à leurs idées: Un plus vaste projet avait été envoyé par le prévôt de Strasbourg et plusieurs mémoires avaient été présentés par les juifs. Une commission, nommée pour ce but, forma un rapport avec les principes de tous les écrits et le présenta au roi le 29 août 1783. Mais déjà le bruit avait été répandu que la nouvelle ordonnance devait porter un coup plus dur aux juifs d'Alsace et nous savons par un journal manuscrit, donné à notre société, que nos pères étaient alors agités de vifs soucis. Mais il devait bientôt apparaître que ces craintes n'étaient pas sans fondement. L'article 36 contenu dans les Lettres patentes du 10 juillet 1784 rendait la situation plus rude et plus insupportable que jusqu'alors elle avait été. Les juifs alsaciens reconnurent immédiatement toute la portée de ce réglement et prièrent le roi de le supprimer. Mais Miromesnil, le président de la commission, écrivit le 15 octobre à Ségur: „Je pense qu'il n'y a rien à changer aux dispositions des lettres patentes du 10 juillet 1784 et que, par conséquent, il ne convient pas d'en suspendre l'exécution".

Qu'en cette loi il y eut maintes clauses insupportables à Cerf Berr, il est à peine besoin de le dire. Nous voulons seulement rappeler un fait dont nous devons la connaissance à une liasse de papiers qui se trouve aux archives départementales de Colmar. A Ribeauvillé vivait un certain Jacob Bernheim de Zillisheim. Il fut en premier lieu serviteur de son oncle Salomon Spir, puis devint son associé et en 1785 il entreprit, avec ses économies, une affaire particulière. Quelques temps après il se fiança avec une veuve de Mutzig et vint, conformément à la loi, auprès des autorités pour obtenir la permission de se marier. Mais il devait, peu après, apprendre à Mutzig et à Ribeauvillé, que cette autorisation ne lui serait jamais accordée, puisque les présidents de ces deux communautés avaient donné sur lui de très mauvais renseignements. Sur ce fait, il se plaignit à la chancellerie de la seigneurie de Ribeaupierre qui prit fait et cause pour lui, parce qu'en vérité il jouissait d'une bonne renommée et aussi, parce que le seigneur avait été lésé dans ses droits d'admission des juifs. Radius, chancelier de Ribeaupierre, écrivit à Cerf Berr pour porter plainte contre les deux présidents à cause de leurs rapports injustes contre Bernheim. Mais il apparut bientôt que cette affaire était sans fondement. Car ainsi qu'on le voit d'une lettre de Cerf Berr du 20 septembre 1786, on avait répondu depuis longtemps à la requête en un sens favorable, mais elle était restée dans les bureaux de l'intendance, par erreur.

Cette affaire était donc terminée, mais Radius ne manqua pas dans une lettre amicale à Cerf Berr, d'exprimer son regret pour ses propres dérangements. La conclusion de cette lettre nous intéresse tout particulièrement, parce qu'elle nous montre en qu'elle haute considération Cerf Berr était tenu par ses contemporains. „Vous en agissez de même, „y est-il dit, „dans toutes les occasions où l'on peut pénétrer jusqu'à vous, qui êtes pour ainsi dire submergé dans un océan d'affaires les plus importantes. Il est incompréhensible que vous puissiez accorder tant d'attention encore aux objets de la basse classe. Mais il faut que votre génie soit d'une trempe unique et que votre esprit soit infatigable. Vous faites un objet d'étonnement pour tous ceux qui entendent parler de vos opérations infinies et de la sagesse avec laquelle vous faites rouller dans une orbite régulière la machine la plus compliquée du monde.

Mais si j'admire d'un côté la profondeur et l'immense étendue de vos vues, je ne rends pas un moindre hommage à votre honnêteté."

Ce Radius avait appris du reste quinze ans plus tôt à connaître Cerf Berr. Lorsqu'en 1771, l'hôtel de Ribeaupierre, situé au Finkweilerstaden de Strasbourg, avait été vendu, Cerf Berr avait chargé le général et ex-ambassadeur à la Cour de Prusse, le chevalier de La Touche, habitant en ce temps la ville, d'acheter en son nom le château, car il n'était pas alors permis aux juifs d'acquérir des immeubles. L'acte d'achat fut écrit à Strasbourg devant le notaire Lacombe au nom du chevalier de La Touche, tandisqu'à la même époque devant le notaire royal de Colmar, un acte privé était dressé dans lequel La Touche reconnaissait Cerf Berr comme propriétaire légitime du susdit hôtel. Cet acte soussigné par le chancelier de Ribeoupierre, le dénommé Radius, demeura secret pendant quatorze ans ; mais à la mort de La Touche, lorsque les droits d'usage durent être prélevés par la ville, Cerf Berr fit connaître la vérité. Mais le Magistrat s'opposa très vivement à la prétention qu'un juif, fut-il naturalisé, put devenir propriétaire dans la ville de Strasbourg. Un procès éclata qui fut si fort traîné en longueur qu'il n'était pas terminé lorsque survint la Révolution.

Ce serait mettre à trop dure épreuve votre bienveillante patience, Mesdames et Messieurs, que de poursuivre ce procès en ses détails. Considérons donc les actes de Cerf Berr en faveur de ses coreligionnaires.

Les Lettres-patentes de 1784 avaient été destinées aux seuls juifs d'Alsace et n'atteignaient pas les autres juifs de France. Mais les travaux préliminaires et les études nécessaires à leur exécution avaient attiré l'attention du Gouvernement sur la généralité des juifs. C'est pourquoi Louis XVI, en 1778, chargea son ministre Malesherbes, de dresser un plan de réformes de la législation des juifs français. On prétend que le roi, par allusion à sa favorable intervention antérieure pour les protestants lui dit : „Monsieur de Malesherbes, vous vous êtes fait protestant, moi, maintenant, je vous fais juif ; occupez-vous de leur sort". On raconte aussi que le roi rencontra un jour le convoi funèbre d'un juif et vit comment ses coreligionnaires, conformément aux prescriptions régnantes, étaient occupés à l'inhumer en secret : le roi en fut si vivement touché, qu'il fit de suite appeler Malesherbes et le chargea de la mission mentionnée. D'autres, au contraire, affirment que les réclamations contre les lettres-patentes de 1778 et le procès de Cerf Berr avec la ville de Strasbourg avaient déterminé la décision du roi. Quoiqu'il en soit, il ressort avec force que Malesherbes rechercha avec célérité et bonne foi la solution du problème imposé. Il fit venir les plus notables des juifs pour s'aider de leurs conseils: Furtado, Gradis, Lopez-Dubec de Bordeaux, Fonsèque de Bayonne, Cerf Berr de Strasbourg, Berr Isaac Berr de Nancy, Lazard et Trénel de Paris. On comprend bien que chez ces hommes élevés en divers pays, et dans des conditions très différentes, des opinions très-souvant contradictoires virent le jour. L'anecdote contée par Roederer, conseiller au parlement de Nancy, nous en donne une illustration humoristique. Gradis et Cerf Berr affirmaient toujours qu'ils étaient descendants de souches différentes du peuple juif, d'où ils s'expliquaient les différences de leurs doctrines et de leurs mœurs. Gradis vivait en homme du monde; Cerf Berr en observateur strict de tous les préceptes religieux, s'abstenait de viandes défendues, ne mangeait jamais avec des chrétiens, n'accomplissait pas le moindre travail le samedi et autres choses semblables. Pourtant Malesherbes aurait vu avec plaisir les juifs partager leurs repas avec les chrétiens. Quand il demandait à Gradis: „cela est-il possible?", il répondait „oui"; mais interrogeait-il Cerf Berr, celui-ci répondait aussitôt: „non". Mais un jour que Malesherbes voulait prouver à Cerf Berr le peu de solidité de son opinion, celui-ci lui dit que les doctrines des juifs portugais étaient erronées et défendait avec un zèle enflammé ses propres convictions. Mais cela parut au ministre très fastidieux et quand le jour suivant, Roederer lui fit visite, il lui conta la marche de l'affaire et ajouta ironiquement: „le roi m'a dit qu'il me faisait juif, et voilà Cerf Berr qui veut me faire janséniste, je ne sais plus auquel entendre". Du reste, les difficultés se multiplièrent si fort que la réussite de l'œuvre entreprise par Malesherbes fut toujours remise en question. En fait, il paraît n'avoir pas réussi une seule fois à composer un rapport, du moins jusqu'à nos jours, on n'en trouve aucun. D'ailleurs les événements politiques en France prirent bientôt un développement qui imposa aux hommes d'élite des devoirs plus importants que ne l'était la réforme de la législation juive. En août 1788, Necker fut rappelé et nommé ministre des finances. Il croyait pouvoir sauver le char de l'Etat déjà très fort chancelant par la convocation des Etats Généraux. Les élections furent ordonnées et le parti bourgeois, le Tiers Etat obtint à lui seul autant de voix que les nobles et les prêtres réunis ; de plus tous les partis eurent le droit d'exprimer leurs désidérata dans ce qu'on appela les Cahiers de doléances. Les juifs d'Alsace, de Lorraine, de Metz, et des trois évêchés étaient exclus. De tous les côtés, leur expulsion et même leur complète destruction étaient désirés ; ainsi en une commune de la Haute-Alsace, on disait qu'on devrait tous jeter dans le Rhin. Aussi Cerf Berr considéra-t-il comme urgentes les démarches auprès de l'Assemblée législative pour éloigner le malheur de ses coreligionnaires et obtenir si possible l'égalité civile tant désirée. Il se rendit en mars 1789 à Paris et adressa une lettre au roi et à son ministre Necker, les priant de permettre également aux juifs alsaciens et lorrains de nommer des députés, de bien vouloir discuter avec lui des affaires juives et de remettre les résultats de cette discussion à un ou plusieurs représentants des Etats Généraux, chargés ensuite de défendre leurs intérêts. Cette prière fut entendue. Le 15 mai suivant, l'intendant des trois provinces fut averti que par permission du roi, les juifs pouvaient s'assembler, composer leurs mémoires, et nommer des députés. Ces élus devaient ensuite se rendre à Paris, près de leur représentant général Cerf Berr, et exposer leurs diverses demandes dans un même cahier qui serait remis au roi, lequel demeurait libre de le présenter aux Etats Généraux. Cette réunion eut lieu et on élit pour Metz et les trois évêchés, Goudchaux, Meyer Cohn et Louis Wolf ; pour l'Alsace, David Sinzheim et Séligmann Wittersheim, et pour la Lorraine, Meyer Marx et Berr Isaac Berr de Nancy. Il est peu vraisemblable, que ces hommes en vinrent à discuter, car peu après le Tiers-Etat, se constitua en Assemblée nationale et la Bastille fut renversée le 14 juillet.

Immédiatement après la connaissance de ces événements, des violences éclatèrent à nouveau contre les juifs dans le Sundgau. Leurs maisons furent détruites et pillées et des milliers eussent péri de faim et de misère, si Bâle et Mulhouse ne leur avaient accordé un asile et des secours. Dès que Cerf Berr eut connaissance de ces faits, il adressa au nom des juifs sauvés une lettre de remerciements à ces deux villes et pria l'Assemblée nationale de prendre les dispositions nécessaires à la protection de ses coreligionnaires, ce qui fut fait de manière empressée.

Le 24 décembre fut décidée l'éligibilité des non-catholiques, à l'exception des juifs dont la situation devrait être déterminée en un vote particulier. Les représentants des différents groupements juifs présents à Paris reconnurent alors la nécessité absolue de s'entendre, s'ils voulaient arriver à un résultat. De nouveau Cerf Berr fut là, lui qui, en premier, s'était efforcé de réaliser une semblable entente. La réunion eut lieu en sa maison, et si un accord complet ne fut pas atteint de prime abord, car les juifs allemands ne voulaient pas renoncer à plusieurs de leurs privilèges, par exemple, la juridiction des rabbins, pourtant on décida à l'unanimité, d'influencer l'opinion publique en faveur des juifs.

L'avocat Godard fut choisi comme mandataire et son journal retrouvé, il y a quelques années, mentionne entre autres plusieurs lettres de Cerf Berr, où il lui demande conseil pour ses discours et pour quelques lois. Cerf Berr, pour sa cause, fit quelques sacrifices matériels, et nous l'apprenons d'un discours de Broglie: „Un de ces juifs, dit-il, qui a acquis une fortune énorme, débourse depuis longtemps en cette capitale des sommes considérables pour se procurer des protecteurs et des aides".

Et de même que le père à Paris, le fils en Alsace s'efforçait de gagner le plus de partisans possibles à la cause juive. Marx Berr, fils ainé de Cerf Berr, immédiatement après l'apparition de la Révolution à Strasbourg, se fit admettre dans la Garde nationale et dans la société des amis de la constitution. Ce fut, certainement, à son instigation que furent répandus par l'imprimerie, traduits en français, et envoyés à Paris les discours enthousiastes pour l'égalité civile et politique des juifs tenus dans la société. Même la sonnerie du si renommé Grüsselhorn fut interdite par la société des amis de la constitution et on raconte qu'un jour, Marx Berr, avec quelques partisans se rendit à la cathédrale et brisa la corne.

A Paris, les affaires des juifs avançaient très lentement; toujours de nouveaux adversaires se présentèrent, toujours de nouveaux empêchements devaient être écartés; mais les députés juifs montraient une patience admirable, et poursuivaient sans détour le chemin tracé. Le 28 février 1790, le droit de cité fut accordé aux juifs portugais, et peu après, les juifs de Paris obtinrent ce même avantage. Mais tout espoir de succès paraissait enlevé aux juifs d'Alsace et de Lorraine. La Constitution était terminée et sanctionnée par le roi et l'Assemblée nationale ne devait plus tenir séance qu'un seul jour. Duport jeta alors de nouveau dans la conférence sur la liberté des cultes la question juive ; Reubel, le renommé député de Colmar, désirait repousser la question, mais Regnault se tourna vers lui avec des regards irrités et dit : „Je demande que celui-là soit rappelé à l'ordre qui veut s'opposer à cette question, puisque par là il combattrait la constitution elle-même". L'assemblée adopta ses vues et conclut en faveur de la motion de Duport. Le jour suivant, 27 septembre 1791, fut publié le décret mémorable qui accordait aux juifs alsaciens et lorrains les droits civiques.

Ainsi l'œuvre importante et considérable était achevée. La dénommée nation juive avait cessé d'exister et les boutiquiers et mendiants juifs méprisés, persécutés, tracassés étaient devenus citoyens libres et égaux d'un état libre et puissant.

Peut-être la connaissance de ce fait, qui insensiblement pénétra au cœur de la masse, fut-il cause qu'à nouveau en maints endroits s'enflamma la haine du juif. Un retour d'opinion se fit même dans la société des amis de la Constitution malgré les nombreux et élevés exemples de patriotisme accomplis chaque jour par les juifs alsaciens. Cerf Berr lui-même ne fut pas épargné. Nous lisons dans le „Weltbote" du 10 septembre 1793 l'annonce suivante :

„Sur une invitation faite à Cerf Berr ainsi qu'à d'autres riches citoyens de cette commune par la commission chargée de l'approvisionnement du bataillon nouvellement formé, le citoyen susmentionné envoya bien 23 mesures de vin, mais il était de qualité si mauvaise que nous ne l'avons pas jugé bon, pour être bu par les braves défenseurs de la patrie et nous l'avons aussitôt renvoyé avec le très-ferme espoir que les bons citoyens de Strasbourg ne laisseront jamais subir de privations leurs frères, marchant au champ de bataille et à la victoire.

Nous avons en même temps fait savoir au susmentionné citoyen que nous ne le jugeons pas digne de prendre plus longtemps part à l'honneur de contribuer à l'entretien des défenseurs de la liberté et que nous repoussions toute aide ultérieure.

La commission décida de punir par la publicité la conduite vile d'un des citoyens les plus riches de la ville et de le faire publiquement connaître par l'affichage.

Strasbourg, le 10 Septembre 1793.

EDELMANN, FISCHER, GRÜN et WEYHER.

Il va de soi qu'on ne peut établir si cette accusation repose sur un fonds de vérité, mais d'après tout ce que nous connaissons de Cerf Berr et de son caractère il est au plus haut point vraisemblable que ce n'est que méchante calomnie.

Quelques semaines après cet incident, lorsque le régiment des hommes de la Terreur vint à Strasbourg, Cerf Berr fut emprisonné avec de nombreux autres Juifs sans que nous en sachions la cause.

Cet emprisonnement paraît n'avoir pas été très-violent ni de longue durée, mais il suffit certainement à aigrir cet honnête homme persécuté de façon si brutale et si imméritée et vraisemblablement le mena à la tombe Il mourut le 4 Tebet, 20 Septembre 1794, âgé de 68 ans et fut enterré à Rosenweiler, où l'on peut encore voir sa pierre tombale. Une reproduction photographique se trouve au commencement de la présente publication.

Si nous considérons une fois encore la vie de Cerf Berr et l'époque à laquelle il vécut, et si nous le comparons au présent, où il nous est permis de vivre et de travailler en citoyens honorés et considérés, sous un gouvernement sage et juste, nous ne pouvons nous empêcher de remercier d'un cœur reconnaissant le guide et le gouverneur des choses terrestres qui nous a assistés d'aussi merveilleuse façon.

Mais nous pouvons aussi affirmer, sans crainte de nous rendre coupables de présomption, que nous avons répondus dignement à la confiance témoignée. Par centaines et centaines les Juifs alsaciens occupent dans les arts, le commerce, l'industrie des places prépondérantes et joyeusement ils ont donné leurs biens et leur sang pour la grandeur et la prospérité de leur patrie.

Nous avons pu apprécier en ces temps derniers, comme ces services avaient été pleinement reconnus par nos concitoyens, lorsque le malheur éclatant sur une partie de notre peuple, les habitants de cette ville, en grand nombre, sans distinction de croyance et de religion, nous ont prodigué les cordiales manifestations de sympathie et de solidarité. C'est pourquoi nous nous croyons autorisés à espérer qu'il n'est plus éloigné le jour où dans tous les pays l'aurore de la liberté, du droit et de la justice brilleront d'un clair éclat pour les partisans de notre religion et quand on se demandera quels furent les promoteurs de cette œuvre de réconciliation et de fraternité, on n'oubliera pas alors le nom de Cerf Berr.

Appendice.

(A. A. 2377. Arch. mun. de Str.)

Strasbourg le 18 Juillet 1783.

Monsieur

Ce n'a été que le 12 de ce mois que m'est parvenue la décision de MM. les XIII en date du 7 portant que mon Pere produira le 19. s'il est possible la note des personnes de la famille qui habitent Strasbourg, ainsi que les Commis Juifs de la maison. Dès le 13., Monsieur, j'ai eu le soin de faire passer cette décision à mon Pere actuellement à Paris; j'attends sa réponse d'un Instant à l'autre, aussi tôt que je l'aurai je ne manquerai pas d'avoir l'honneur de vous en faire part ou à M. Mathieu. C'est, Monsieur, ce que je voulois avoir celui de vous dire, lorsque je me suis rendu aujourd'hui à la Chancelerie et à votre logis sans vous trouver.

Je suis avec un très sincère et très parfait attachement
Monsieur
Votre très humble et très obéissant serviteur
MARX BERR.

(A. A. 2377. Arch. munic. de Str.)

Strasbourg le 25 juillet 1783.

Monsieur.

En vous confirmant ce que j'ai eu l'honneur de vous écrire le 18 de ce mois, j'ai celui de vous envoyer ci joint la note dont parle ma susdite lettre et que mon Pere vient de me faire passer de Paris.

Je suis avec un très sincère et très parfait attachement
Monsieur
Votre très humble et très obéissant serviteur
MARX BERR.

M. Metzler.

Note des personnes de la famille Cerf Berr qui habitent Strasbourg.

Cerf Berr; Marx Berr, Liepman Berr, fils de Cerf Berr, mariés; Baruch Berr, Théodore Berr, idem non mariés; Seligman Alexandre, Mayer Lazar, Wolff Levy, tous à Strasbourg.

Abrah. Cahen, premier commis, à Bischheim.

Joseph Levy, premier commis; Raphael Marx, Simon Harbourg, Raphael Mayer Berr, Moyse Levy, Gottlieb Isaac, Heyem Wolff, Heyem Flersheim, tous commis; Moyse Samuel, garçon de bureau, tous à Strasbourg. — 5 servantes.

Joseph, précepteur à Lingolsheim; Abraham Moyse, maître d'hôtel, Samuel Jacob, cocher, les deux à Bischheim; Lyon Weyl, portier, Emanuel, palefrenier; Wolff, Lyon, Simon, Jacob, Joseph, domestiques de Cerf Berr à Strasbourg.

David, précepteur; Zacharias, domestique de Marx Berr. — 5 servantes.

Michel Benjamin, Mayer Emanuel, commis; Raphael Gugenheim, précepteur; Löb, domestique; fils de Seligman Alexandre. — 5 servantes.

N., précepteur. — Moyse, domestique de Mayer Lazar. — 4 servantes.

Abraham Sinzheim, commis; Emanuel, précepteur; Scholem Amschel, domestique de Wolf Levy. — 6 servantes.

Employés aux fourrages, lesquels sont chargés du service des fourrages dans les quatre provinces du Nord pour rendre compte de leur gestion et de l'état de leurs magasins.

En Alsace:

Emanuel Weyl, Isaac Salomon, Gottlieb Cahen, Lehmann Berr Weyl, acheteurs à Bischheim pour les magasins de Strasbourg.

Isaac Hirschel, à Carlsruhe; Löp Oppenheim et Heyem Oppenheim, à Hoffenheim; Michel, à Echtersheim; Liepmann Nathan à Grombach, acheteurs, pour les magasins de Strasbourg; Aron Samuel Simon, acheteur à Landau pour les magasins de Landau; Elias Jonas, inspecteur de la province, à Obernheim; Cerf March. Berr et Jacob Löb, acheteurs à Lauterbourg pour les magasins de Lauterbourg; Amschel Cahen, à Weissembourg pour les magasins de Weissembourg; Moyses Weyl, à Valck pour les magasins de Haguenau; Alexandre Samuel, à Haguenau pour les magasins de Haguenau; Jacob Gumbrich, à Obernheim; Michel Levy et Baruch Levy, à Epfig pour les magasins de Schlestadt; Seligman Weil, à Krusheim pour les magasins de Neuf-Brisach; Michel Sinsheim, contrôleur, à Huningue; Samuel Manheimer, acheteur, à Uffholz; pour les magasins de Huningue.

En Lorraine :

Mayer Marx, directeur; Lehmann Mayer Marx, sous-directeur; Isaac Lazar, garde-magasin; Berr Isaac Berr, caissier général; Isaac Wolff, sous-caissier; tous à Nancy pour les magasins de Nancy; Abraham Brisack, acheteur, à Lunéville, pour les magasins de Nancy; Berel Moch, garde-magasin, à Bouxwiller; Lehmann Michel, acheteur à Metz pour les magasins de Commercy; Baruch Berr, contrôleur, à Sarguemines; Marx Isaac, caissier, à Sarguemines; Löb Levy et Nathan Cahen, acheteurs à Boquenom pour les magasins de Sarguemines; Seligman Hess, contrôleur à Putelange pour les magasins de St. Avold; Lazar Mayer, acheteur, à Epinal; Mayer Marx, contrôleur, à Epinal; Mayer Levy, acheteur à Metz pour les magasins d'Epinal.

Aux 3 Evêchés :

Aron Bloch, inspecteur; Cerf Alex. Cahen, acheteur; Abrah. March. Berr, commis; Louis Mayer, contrôleur; Moyses Liepman, contrôleur à Metz pour les magasins de Metz; Salomon Cahen, acheteur à Metz pour les magasins de Vic; Cerf Zacharias, acheteur à Saarlouis pour les magasins de Saarlouis; Raphael Liepman, garde-magasin, à Saarlouis; Mayer Levy, acheteur à Büttingen pour les magasins de Thionville; Löb Hanau, acheteur à Sedan; Abr. Coblence, contrôleur à Metz pour les magasins de Sedan; Marchand Aron, acheteur; Lazar Aron, inspecteur, les deux à Phalsbourg pour les magasins de Phalsbourg; Salomon Benedic Cahen, garde-magasin à Phalsbourg pour les magasins de St. Mihel.

Comté de Bourgogne :

Moyses Cahen, inspecteur à Metz pour les magasins de Besançon ; Baruch Levy, acheteur à Epfig pour les magasins de Vesoul ; Lyon Gugenheim, acheteur à Obernheim pour les magasins de Gray.

Novembre 1784.

Etat des Juifs qui composent la famille du Sr Cerf Berr, auquel en conséquence d'une lettre du Ministre le Magistrat de Strasbourg a permis de demeurer dans la dite ville pendant le temps qu'il sera chargé des fournitures pour le service de Sa Majesté.

NB. La dite famille est partagée en quatre maisons ou ménages, savoir : 1° Cerf Berr, 2° Marx Berr, 3° Sam. Seligman Alexandre, 3° Wolf Lewy.

I. Maison de Cerf Berr :

CERF BERR, âgé de 58 ans, né à Wittelsheim, marié en seconde noce depuis 6 mois ; LÖB LEVI, gendre, âgé de 30 ans, né à Hannovre ; THÉODORE BERR, fils, garçon âgé de 18 ans, né à Strasbourg ; HANA, 2e femme de C. B., âgée de 38 ans, née à Fürth ; FACHON BERR, épouse de Levy, âgée de 20 ans, née à Strasbourg ; EVE BERR, fille de C. B., âgée de 15 ans, née à Strasbourg ; ZARADLE, fille de Hana, âgée de 10 ans, née à Fürth ; SARA, fille de Meyer Berr, nièce de C. B, âgée de 12 ans, née à Bischheim ; REITZ SELIGMAN BERR, nièce de C. B., âgée de 15 ans, née à Rosenheim ; JOSEPH RABBIN, âgé de 40 ans, né à Trembach, est domicilié à Lingolsheim ; SIMON HALLE, secr. de la nation jud., âgé de 70 ans, né à Obernheim, son dom. à Obernheim ; HEYM. WOLF, secr., âgé de 23 ans, né à Grieshaber, loge en ville chez Pfeffinger ; MOYSE LEWI, âgé de 30 ans, né à Fürth ; GOTTLIEB ISAAC, contrôl., âgé de 48 ans, né à Küttolsheim, a sa fam. au dit lieu ; JOSEPH LEWI, commis, âgé de 30 ans, né à Grumstatt, loge en ville chez Bruxberger ; SIMON HARBOURGER, commis, âgé de 28 ans, né à Grieshaber, loge en ville chez le sieur Lichtenberger, offic. retiré ;

MOYSE SAMUEL, g. d. bur., âgé de 24 ans, né à Rosenheim ; ISAAC, copiste, âgé de 17 ans, né à Hagenthal ; LOWEL WEIL, portier, âgé de 56 ans, né à Bischheim ; MENDLE, cocher, âgé de 28 ans, né à Hattstatt ; JOSEPH GUGENHEIM, âgé de 20 ans, né à Obernheim ; SARA BRISACK, gouvernante, âgée de 60 ans, née à Tränheim ; REYER, femme d'enfants, âgée de 49 ans, née à Soultz ; MÄNNEL, servante, âgée de 45 ans, née à Walck ; REYSLA, cuisinière, âgée de 50 ans, née à Hattstatt.

II. Famille:

MARX BERR, fils de C. B., âgé de 27 ans, né à Bischheim, est marié depuis 2 ans; SAMSON, fils, âgé de 7 ans, né à Strasbourg ; BEER, fils, âgé de 4 ans, né à Strasbourg ; ESTER BOUF (!), femme de M., âgée de 27 ans, née à La HAYE ; ADELAIDE, âgée de 5 ans, née à Strasbourg ; FLEURETTE, âgée de 3 ans, née à Strasbourg ; SELCHE, fille de Marx Berr, nièce de C. Berr, âgée de 14 ans, née à Sarguemines, pensionnaire ; MOYSES, maître d'école, âgé de 26 ans, né à Fürth ; ZACHARIAS, domestique, âgé de 16 ans, né à Frauenberg ; GUHATZ, femme d'enfants, âgée de 60 ans, née à Schweinheim ; JUGLA, femme de chambre, âgée de 25 ans, née à Rosenheim ; JERAS, servante, âgée de 17 ans, née à Schweinheim ; SARA, cuisinière, âgée de 44 ans, née à Saarbourg.

III. Maison de Seligmann Alexandre:

SAM SELIGM. ALEXANDRE, gendre de Cerf Berr, âgé de 36 ans, né à Bouxwiller, marié depuis 10 ans ; BARAC BERR, gendre d. d. Alexandre et fils de C. B., âgé de 24 ans, né à Bischheim, marié depuis 6 mois ; MARX ALEXANDRE, fils de S. A., âgé de 15 ans, né à Bischheim ; BEER ALEXANDRE, fils de S. A., âgé de 6 ans, né à Strasbourg ; REBECCA, épouse de S. A., âgée de 32 ans, née à Bischheim ; MELLE, femme de Bar. B., âgée de 19 ans, née à Bischheim ; JUDELA, âgée de 12 ans ; GELCHÉ, âgée de 10 ans ; ETTELLÉ, âgée de 8 ans, toutes trois filles de S. A. et nées à Strasbourg ; RAPHAEL GUGENHEIM, préc., âgé de 28 ans, né à Obernheim ; BENJAMIN CADET, secrétaire, âgé de 22 ans, né à

Hügenbourg; MEYER WEIL, commis, âgé de 16 ans, né à Bischheim; LÖB, domestique, âgé de 19 ans, né à Saarbourg; KEYLA, femme de chambre, âgée de 15 ans, née à Niederenheim; LEYA, femme d'enfants, âgée de 40 ans, née à Niederenheim; FEYLA, cuisinière, âgé de 24 ans, née à Herlisheim; GUTTELÉ, servante, âgée de 17 ans, née à Bischheim.

IV. Maison de Wolff Levy.

WOLFF LEVY, gendre de C. B., âgé de 30 ans, né à Bonne, marié depuis 12 ans; MARX WOLFF, âgé de 8 ans, DANIEL, âgé de 7 ans, EMANUEL, âgé de 6 ans, BEER, âgé de 4 ans, tous fils de Wolff Levy et nés à Strasbourg; MINETTE, femme de W. L., âgée de 27 ans, née à Bischheim; BRENTELÉ, âgée de 5 ans, RELLA, âgée de 2 ans, toutes deux filles de W. L. et nées à Strasbourg; REBECCA, fille de Mayer Berr, nièce de Cerf B., âgée de 16 ans, née à Bischheim; EMANUEL, précept., âgé de 24 ans, né à Fürth; NATHAN, dom., âgé de 22 ans, né à Obernheim; HANNA, fille d'enfants, âgée de 36 ans, née à Mutzig; MENTELE, fille d'enfants, âgée de 24 ans, née à Balbronn; RECHELA, cuisinière, âgée de 24 ans, née à Westhoffen; EDEL, servante, âgée de 24 ans, née à Bergheim.

RÉCAPITULATION : Maison de Cerf Berr, 15 hommes, 10 femmes; celle de Marx Berr, 5 hommes, 8 femmes; celle de Alexandre, 8 hommes, 9 femmes; celle de Wolf Levy, 7 hommes 8 femmes. Total: 35 hommes et 35 femmes.

Quoique le d. Cerf Berr avec sa famille et sa domesticité demeure dans la ville, cependant son vray domicile est à Bischheim, à une demie lieue de la ville, où se font les actes de circoncisions, mariages et d'enterrements de la dite famille.

Fait à Strasbourg le 25 Novembre 1784.

Pierre funéraire de Cerf Berr au cimetière de Rosenweiler.

פה נטמן נפש
ה נאמן לעמו ודורש טוב
פאר העדה וחוקר מישרים
תמים בדרכיו חונן דלים
לאביונים הי' מחסה מזרם
ירא אלקים ואת ישראל טוב
הקצין המרומם הנכבד והמפו'
כה' נפתלי הירץ מעדלסהיים
ז"ל צדקתו לפניו הולכת ונשמתי
תהי בגן ד' משעשעת נפטר
ביום ש"ק ד' טבת תקנה לפ"ק
ונקבר למחרתו יום א ה טבת
נפשו תהי צרורה בצרור
החיים את נשמת הצדיקים
והחסידים ויעמוד לגורלו
לקץ הימין
אס

TRADUCTION :

Ici est enseveli le corps
De celui qui fut fidèle à son peuple et aspira au bien,
La couronne de la communauté, et il chercha la justice,
Il fut parfait dans sa conduite, aimable envers les pauvres,
Pour les nécessiteux il fut un protecteur contre la tempête,
Il craignit Dieu et fut bon pour Israël.
Le puissant, le sublime, l'honorable et le distingué
Rabbi Naftali Hirz Médelsheim
Sa mémoire soit bénie. Sa justice marche devant lui et son âme
Sera dans le jardin de Dieu se délectant. Il décéda
Le jour du saint Sabbat, le 4 Tébeth 555 selon le petit comput,
Et il fut enterré le lendemain, premier jour (de la semaine) 5 Tébeth.
Que son âme soit liée dans le faisceau
De la vie avec l'âme des justes
Et des pieux et qu'il attende son sort
A la fin des jours
A(men) S(élah)

www.ingramcontent.com/pod-product-compliance
Lightning Source LLC
Chambersburg PA
CBHW060702050426
42451CB00010B/1237